CONSIDÉRATIONS

SUR LA MORT

de Louis XVI,

POUR SERVIR

A LA BÉATIFICATION ET CANONISATION

de ce Saint Roi;

Par un habitant de Montpellier.

> O jour de triomphe pour LOUIS! Dieu lui a donné la patience dans les plus grandes infortunes, et la victoire au lieu même de son supplice.
>
> PIE VI, allocution du 17 juin 1792.

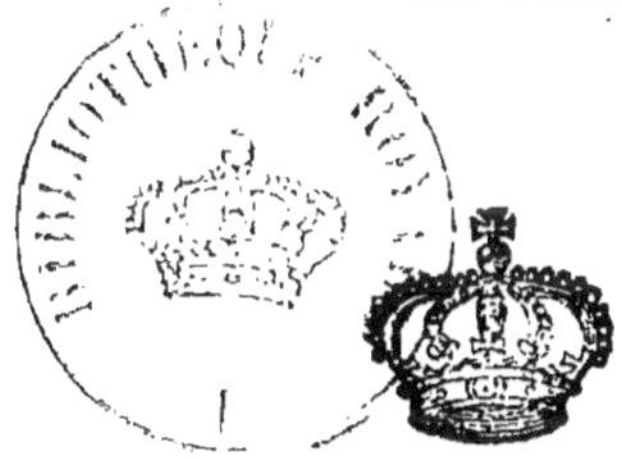

MONTPELLIER.
Auguste Seguin, Libraire.

1829.

IMPRIMERIE DE JULLIEN.

POPULE MEUS QUID FECI TIBI?

RESPONDE MIHI.

IL EXISTE EN HAUT UN JUGE INCORRUPTIBLE QUI SAURA BIEN ME RENDRE LA JUSTICE QUE LES HOMMES ME REFUSENT ICI-BAS.

Louis XVI à M. de Firmont.

CONSIDÉRATIONS

SUR LA MORT

de Louis XVI,

POUR SERVIR

A LA BÉATIFICATION ET CANONISATION

de ce Saint Roi ;

Par un habitant de Montpellier.

> O jour de triomphe pour LOUIS ! Dieu lui a donné la patience dans les plus grandes infortunes, et la victoire au lieu même de son supplice.
>
> PIE VI, allocution du 17 juin 1793.

MONTPELLIER.

Auguste Seguin, Libraire.

M DCCC XXIX.

Quoique nous ayons donné dans cet Ouvrage le nom de *Saint* à Louis XVI, nous déclarons que nous n'avons voulu exprimer par ce terme que la profonde vénération que nous avons pour cette auguste Victime; ne prétendant aucunement anticiper sur les jugemens de l'Église.

AU ROI-MARTYR,

Montez au Ciel, fils de Saint-Louis!

Tous les Saints de la France immolés de nos jours vous décernent en triomphe la Couronne du Martyre, & consacrent votre nom auguste à l'immortalité; montez au Ciel, environné de l'auréole de gloire, décoré de la Palme des Triomphateurs, prenez place au milieu des Saints Louis, *des* Stanislas, *des* Edouard, *des* Henri, *qui ont échangé aussi un Trône périssable contre un Trône immortel. Les siécles à venir célébreront votre patience, votre foi & l'amour que vous avez montré pour Jésus-Christ. Si la fureur de nos pères vous a immolé, leurs enfans éleveront des Autels sur votre tombeau.*

pour offrir à Dieu des sacrifices en votre nom. C'est-là que nous irons puiser la force nécessaire pour résister aux ennemis de l'Autel & du Trône. Votre victoire nous animera au combat, & votre puissante intercession enflammera notre courage. Heureux, si, dans ces temps de calamités, nous étions trouvés dignes de verser notre sang, pour une si sainte cause, d'être réunis à vous, & de partager vos Couronnes !

O Louis ! ô mon Roi ! que votre âme bienheureuse daigne recevoir cet hommage !

AUGUSTE SEGUIN.

CONSIDÉRATIONS

SUR LA MORT

DE LOUIS XVI.

> La mémoire du juste sera en bénédiction.
> PROVERBES X. 7.

IL y a environ trente-cinq ans que LOUIS XVI, Prince recommandable par sa douceur, par son humanité, sa justice, son zèle pour les intérêts de son peuple, fut condamné à mort et périt sous la hache des bourreaux ; parmi les faits produits à sa charge par ses ennemis, ils lui imputèrent à crime une déclaration et des lettres dans lesquelles il disait : *qu'il ne pourrait faire le bien des français que lorsqu'une constitution qu'il aurait librement acceptée, ferait que notre sainte religion fût respectée ; et que s'il recouvrait sa puissance, il était fermement résolu de rétablir le culte catholique.* Les impies firent donc mourir ce Prince infortuné en haine de sa religion ; et l'opinion publique lui décerna, à cette époque si fatale, le surnom de Roi-Martyr.

Le témoignage rendu par Louis à la Croix et à l'Évangile au milieu de calamités si terribles, son testament de mort, dont la pensée n'a pu naître que dans une âme héroïque, évidemment chrétienne, le courage et la fermeté qui l'ont accompagné dans ses derniers momens, le pardon des injures qu'il a renouvelé jusques sur l'échafaud ; toutes ces actions sublimes nous donnent lieu de croire que cette âme prédestinée par tant de souffrances a déjà reçu dans le ciel la récompense de ses vertus.

Depuis que la lumière de vérité, dit Saint Cyprien, a éclairé le monde, l'Église est en usage d'honorer du nom de *Martyrs* ceux qui dans les tourmens ont préféré confesser Jésus-Christ jusqu'à la mort, et sceller de leur sang le témoignage rendu à sa Croix. Louis XVI a-t-il rempli ces deux conditions? Oui, s'écrieront unanimement tous les bons français : Louis XVI est un Saint ! Louis XVI est digne d'être vénéré sur nos Autels ;... *erigantur altaria !*

Sans doute, jusqu'à ce que l'Église ait prononcé, nous devons suspendre notre jugement et modérer notre enthousiasme ; enfans soumis de l'Église, nous devons attendre sa décision avec respect, car à elle seule appartient le droit de vérifier les titres qui donnent lieu à l'inscription dans son Martyrologe ; mais sans prétendre régler son jugement, il nous est permis de le solliciter, de le prévoir, et de l'attendre d'après la connaissance des règles ordinaires qui la dirigent, et de joindre notre voix à celle de tous les fidèles pour relever la sainteté du Roi-Martyr. L'Église n'a jamais condamné le zèle des personnes pieuses qui provoquent l'honneur de la béatitude pour de Saints personnages ; et Louis, par le seul fait de son martyre, ne peut-il pas revendiquer des hommages qui, dans les siècles passés, ont souvent dévancé le jugement de l'autorité ecclésiastique ?

Un Souverain Pontife qu'on peut regarder comme un autre martyr, Pie VI, pesant les vertus religieuses de Louis XVI dans la balance du sanctuaire, a déclaré en plein consistoire que son sentiment était : *que les meurtriers de* Louis XVI, *en faisant tomber de sa tête la couronne des Rois, lui avaient assuré la palme du martyre, et qu'il ne pouvait y avoir le moindre doute que ce Prince n'eût été particulièrement mis à mort, en haine de la Foi, et pour son attachement aux dogmes catholiques.* Ce Saint Pape ne se dissimula pas, néanmoins, la plus forte des objections qu'on pourrait opposer à son sentiment : savoir, la sanction donnée par Louis XVI à la *constitution civile du Clergé* ;

mais après avoir fait valoir ce qui lui fut donné pour certain, et ce que lui-même rend très-vraisemblable, que cette sanction fut extorquée à ce Prince par la ruse officieuse d'un de ses ministres, il finit par dire : *que dans la supposition même que séduit ou égaré de quelque manière que ce soit, le Roi eut donné son approbation à cet acte, devrions-nous pour cela varier dans l'opinion que nous avons embrassée sur son martyre ? Point du tout : car sa rétractation incontestable et solennelle, jointe à la mort qu'il a soufferte en haine de la religion catholique, comme nous l'avons déjà prouvé, sont des motifs d'après lesquels il nous paraît comme impossible qu'on puisse lui rien contester de la gloire du martyre.*

Enfin, ne peut-on pas regarder comme inspirée par l'Esprit-Saint, cette exclamation du dépositaire des plus secrètes actions de l'infortuné Monarque ?

FILS DE SAINT-LOUIS, MONTEZ AU CIEL !

Ce cri d'inspiration prophétique fut rapporté par les scélérats même qui entouraient l'échafaud, et consigné dans les journaux du temps par des écrivains, vendus à la faction régicide.

Du moment que l'affreux parricide fut consommé, notre patrie fut réservée à des infortunes que la postérité refusera de croire.

Bientôt après, l'auguste Reine de France, et

la vertueuse MADAME Élizabeth, Sœur du Roi, périrent du même supplice ; les Pontifes furent chassés de leurs siéges, les Prêtres mis à mort, les temples profanés, les Autels détruits, les vases sacrés brisés, les redoutables mystères tournés en dérision. LE SAINT DES SAINTS lui-même, insulté, foulé aux pieds ! tous les bons sentimens effacés ; les principes anéantis ! enfin le peuple français, autrefois si doux, si sensible, transformé en bête féroce, devint capable de tous les excès, et rétrograda vers la barbarie !....

Depuis cette fatale époque la France a été dans un état perpétuel d'anarchie, de souffrance, de convulsion.

Qu'on ne s'imagine pas que ces malheurs sont un pur effet du hasard. En vain, les incrédules ne reconnaissent d'autres causes de ces événemens qu'une fatalité aveugle et bizarre ; il n'y a de bouleversemens dans les empires que ceux que Dieu ordonne ou permet ; rien n'arrive ici-bas que par sa volonté suprême ; et c'est toujours la révolte des peuples qui attire les vengeances divines.

Les vues de la Providence se sont accomplies par un enchaînement de prodiges qui ne permet pas de méconnaître la main divine qui les a opérés. Les fléaux qui sont tombés sur nous auraient dû nous rappeler à nos devoirs ; mais nous avons oublié les rigueurs de sa justice, et nous n'avons répondu aux bienfaits de la restauration, que par une ingratitude qui nous prépare de nouveaux et de plus grands malheurs. Nous voyons encore d'audacieux écrivains provoquer ouvertement à la révolte; prêcher le retour de la révolution, et manifester l'intention de détruire la religion. Un désir vague d'innovation et une inquiétude générale se sont répandus dans tous les esprits. Toutes les doctrines subversives de l'état social sont impudemment proclamées, et semblent encourager à de nouveaux attentats. L'impiété croît sans mesure et se multiplie à l'infini; les méchans parlent et se montrent avec plus d'audace que jamais; ils ne cessent de diriger leurs attaques contre les objets vénérables de notre culte, et contre les Ministres du Très-Haut qu'ils tâchent de rendre odieux, en attendant qu'ils les fassent périr. A la vue de tant de désordres on serait tenté de croire que les derniers temps ne sont pas éloignés. Quoiqu'il en soit, n'oublions pas que de tous les crimes, il n'en est point que le ciel punisse avec plus d'éclat que l'impiété, le blasphême, l'insolent mépris de la religion et de ses Ministres. Notre histoire ne permet pas de douter un moment de cette vérité.

On cherche la cause de cette agitation, de ces fureurs, de ces alarmes qui troublent la société ; on la cherche et on ne la voit point... Nous allons la montrer d'après nos faibles lumières.

La France n'a pas encore expié le meurtre de Louis XVI. *Trente-cinq ans de calamités n'ont pu effacer l'horrible attentat du 21 Janvier* ; *quoiqu'il ne soit que celui d'une minorité factieuse* (1), *ce crime qui forme la tache la plus honteuse de notre histoire est demeuré impuni.* Ainsi, l'ont voulu des ordres suprêmes qu'il ne nous appartient pas d'approfondir ni de juger : à l'exemple du Roi-Martyr nous abandonnons les auteurs de nos maux à la justice du ciel ; mais cela ne suffit pas aux yeux de Dieu qui n'a pas ratifié tous les pardons du Saint Roi... Nous constatons un fait ; qui oserait assurer que le Tout-Puissant n'est pas irrité contre nous depuis que le sang de ce juste a été versé !

Que faut-il donc faire pour calmer la colère divine? Que devons-nous à la mémoire de ce Saint Roi que nous avons sacrifié ? — Nous lui devons un témoignage éclatant de nos regrets, de notre amour et de notre vénération ; il faut que le Clergé, qui est en possession de faire paraître son zèle dans les occasions qui regardent la religion, sollicite en corps la béatification du Roi-Martyr ; il faut que tous les Français le secondent par tous les moyens convenables : il faut enfin que le digne successeur de Charlemagne et de Saint-Louis, que le *fils aîné de l'Église* accomplisse le VOEU DE LOUIS XVI (2).

Après avoir rempli ce devoir et cette réparation, notre foi deviendra plus ardente, notre volonté pour le bien sera plus déterminée ; nous acquérons de meilleures mœurs ; car, dit saint Jean Chrysostôme, *l'honneur que nous rendons aux Saints est le gardien et le conservateur de notre foi.* Alors nous verrons refleurir les anciennes vertus et l'antique honneur des français. Nous obtiendrons de la miséricorde divine qu'elle prenne enfin en pitié ce beau Royaume. LOUIS se présentera devant le SAINT DES SAINTS comme une holocauste expiatoire des fureurs et des folies de notre nation. Son sang n'aura pas été répandu infructueusement sur la terre ; il y fera germer la vertu et assurer le triomphe de la vérité ; car *le sang des Martyrs*, dit Tertullien, *est la semence des chrétiens*; *sanguis Martyrum semen christianorum* !

Oui, le sang de LOUIS pourra obtenir de nous dans le ciel, par les mérites et le sang de JÉSUS-CHRIST, les effets les plus surprenans. Ce sang innocent aura certainement parlé pour nous. Le Roi-Martyr réconciliera le ciel avec la France ; il deviendra notre médiateur auprès de Dieu.

Que nos voix se fassent entendre pour répéter

l'amende-honorable que nous faisons à ce bon Prince, que nous avons indignement fait périr. SALUONS LE MARTYR, parce que les impies l'ont mis à mort par haine de la foi de ses pères. Rendons-lui le tribut d'admiration et d'honneur qu'il mérite, en adhérant, autant qu'il est en nous, aux sentimens exprimés dans la pétition suivante :

A MM. LES DÉPUTÉS DES DÉPARTEMENS,

MESSIEURS,

Pénétrés de respect pour la mémoire de l'infortuné Monarque que l'Europe entière a honoré du nom du Roi-Martyr, nous avons l'honneur de proposer à la Chambre des Députés, de vouloir bien employer son intervention auprès du Gouvernement, afin que le Ministre de Sa Majesté, Secrétaire d'État des relations extérieures, sollicite auprès du S. Siège, suivant les formes établies à la Congrégation des Rits, la BÉATIFICATION ET CANONISATION du Très-Haut, très-puissant, très-religieux et très-excellent Prince, LOUIS SEIZIÈME de nom, Roi de France et de Navarre, mis à mort injustement par ceux qui lui devaient respect, amour et soumission.

Déjà l'opinion publique a placé, dans le séjour de la Béatitude, ce Prince vertueux dont le vénérable Pie VI déplora la perte, en ces termes, lorsqu'il apprit l'horrible attentat du 21 janvier. » *Nous avons*, dit-il, *la ferme confiance que* » Louis XVI *a changé une Couronne Royale, tou-* » *jours fragile, et des Lis qui se seraient flétris* » *bientôt, contre cet autre Diadême impérissable* » *que les Anges ont tissu de Lis immortels* ». La France chrétienne a confirmé le jugement de ce grand Pontife, et n'attend plus qu'une décision légale et solennelle pour faire entendre dans les temples de l'Éternel, cette prière de salut et de grâce, Saint-Louis XVI, Martyr, priez pour nous, etc. (3).

Quoique la haute réputation de sainteté de Louis XVI, soit répandue non-seulement en France, mais dans toute l'Europe, cependant la fausse opinion où l'on est qu'il n'est pas permis d'informer au sujet d'un Saint avant cinquante ans après sa mort, sera peut-être cause qu'on laissera écouler le temps le plus favorable pour cet objet. De plus, il est à présumer que les adhérens des régicides, à qui tout ce qui regarde le Saint Roi est insupportable, tâcheront de retarder par toutes sortes de moyens un enquête à ce sujet. Il serait donc nécessaire de recueillir dès ce moment les renseignemens que l'on pourra se procurer sur la conduite de Louis, surtout depuis sa déchéance. On pourrait les adresser à Nosseigneurs les Archevêques et Évêques de France; car c'est à eux principalement qu'appartient le soin de publier les vertus qui ont le plus éclaté en la personne du Roi-Martyr. On apprendra alors bien des particularités intéressantes qui ne sont connues que de peu de personnes.

Tout cela doit être constaté par des actes originaux ou par des témoignages irrécusables. Il sera bon aussi de se procurer des copies authentiques de tous les actes judiciaires et autres qui ont rapport à sa condamnation; des paroles des votans, et des sentences prononcées, car il est à présumer que plusieurs pièces importantes ont été enlevées des archives par ceux qu'elles pouvaient compromettre.

Il ne suffit pas, dira-t-on, peut-être, que Louis XVI ait pratiqué dans un dégré héroïque les vertus chrétiennes; il faut encore qu'on prouve que Dieu a opéré des miracles pour attester sa Sainteté. Ah! n'en doutons pas; c'est aux prières ardentes du Roi-Martyr que les fidèles ont obtenu du ciel la merveilleuse restauration de la couronne des Lis! bientôt, il faut l'espérer, ceux qui ont reçu certaines grâces en invoquant le Saint Roi, feront connaître des choses extraordinaires qu'ils n'ont pas jugé encore à propos de divulguer (4).

Mais qui nous prouvera la vérité de ces merveilles? L'Église Romaine; car depuis qu'elle a été mise en possession de prononcer sur les honneurs qu'on doit aux Saints, elle a établi un Tribunal où ces matières sont discutées avec toute la maturité que mérite leur importance : la Congrégation des Rits s'occupe particulièrement de ce grand objet. Cette Congrégation a ses Juges, ses officiers, son notaire; elle appelle aussi des savans, des mathématiciens, des médecins quand les circonstances l'exigent. Les procédures qui sont les préliminaires inséparables d'un jugement de ce genre sont très-longues et rigoureuses. Elles se traitent comme des affaires criminelles. La Congrégation des Rits fait encore des informations secrètes des miracles et de la sainteté de la vie de celui qu'on propose, avant d'en faire de publiques, et prend toutes les précautions que les hommes peuvent imaginer et mettre en pratique pour établir la vérité des faits. Il n'est pas rare de voir des sollicitations et des informations pour des Saints durer souvent plus d'un demi-siècle. La Congrégation des Rits examine encore avec la plus scrupuleuse attention les écrits des personnes dont on demande la béatification, et la moindre erreur sur le dogme ou la morale suffit pour faire abandonner leur cause. Elle exige qu'elles aient expressément retracté toutes les opinions erronées qu'elles auraient soutenues.

On nous objectera peut-être qu'on ne connaît dans l'histoire ecclésiastique aucun exemple d'un Saint canonisé du vivant de ses parens. Nous citerons celui de S. Louis, évêque de Toulouse, de la même famille de France, qui fût canonisé du vivant même de sa mère. Bonheur, privilège unique dans son genre que nous souhaitons à la fille auguste de Louis XVI, et qui rendrait S. A. R. Madame la Dauphine, la fille la plus fortunée de ce monde, après en avoir été la plus malheureuse ; car quel bonheur plus grand que de voir son père l'objet de la vénération publique, de lui offrir son encens et ses vœux, de recueillir ses sacrées reliques ! Quel triomphe, quel sujet de joie d'avoir pour intercesseur auprès de Dieu, un père dont la protection nous soutient dans ce bas monde ! C'est peut-être la situation la plus touchante que l'esprit humain puisse concevoir !

Mais, diront encore certaines personnes : Louis XVI, a-t-il pratiqué dans un dégré héroïque les vertus chrétiennes ? — Oui, Louis XVI a eu l'héroïsme *de la foi*, par son courage, en la confessant au milieu des persécuteurs ; il a eu l'héroïsme *de l'espérance*, en supportant avec patience et avec joie des tribulations inouies ; il a eu l'héroïsme *de la charité*, en pardonnant à ceux qui le faisaient mourir ; enfin, il a eu l'héroïsme *du martyre*, en versant son sang en l'honneur de celui qui l'a versé pour tous les hommes.

Depuis long-temps l'opinion générale n'a qu'une voix à ce sujet. Les ennemis même de Louis XVI ont eu de ses vertus les idées les plus relevées. Quand Chaillou, député de la Loire-Inférieure, vota dans le fameux procès, il dit : QU'IL S'OPPOSAIT A LA MORT DE LOUIS, PARCE QUE ROME LE VOUDRAIT POUR LE BÉATIFIER.

Nous finirons nos Observations par un témoignage d'un autre genre qui est bien remarquable : La Sœur *de la Nativité* dans ses RÉVÉLATIONS a prédit la mort et le triomphe de ce Prince. Sans entrer dans aucune dissertation sur le dégré de croyance que l'on peut accorder aux révélations de cette fille extraordinaire ; nous allons rapporter ce qu'elle dit dans le tome quatrième, sous ce titre : MORT DE LOUIS XVI, SON BONHEUR DANS LE CIEL : » Un jour que j'étais en prière devant » le St. Sacrement, le Seigneur me dit que le » Roi serait mis à mort ; moi, en entendant » une si fatale nouvelle, je suppliai très-humblement Notre-Seigneur de ne pas permettre » que cela arrivât ; depuis cette affligeante nou» velle, que j'ai sue deux ans avant sa mort ; » j'ai gardé dans mon cœur un profond secret » sur un si grand malheur, sans le dire à per-

» sonne. Je priais Dieu sans cesse de détourner » ce calice de moi et de toute la France ; mais » mes prières furent trop faibles pour que Dieu » m'exauçât.

» Plus de deux ans après arriva ce coup fatal » et maudit, qui perça mon cœur d'un glaive de » douleur et d'amertume ; mais quelques jours » après cette triste nouvelle, Notre-Seigneur » m'apparut, et me dit : rejouis-toi, ma fille ! » Je t'ai affligée par la mort de ton Roi ; mais » je viens te consoler par cette bonne nouvelle : » IL EST GLORIEUX, TRIOMPHANT ET ROI DANS MON » ROYAUME, IL EST COURONNÉ, JE LUI AI DONNÉ UN » SCEPTRE ET UNE COUR QUI SERA ÉTERNELLE ; SON » SCEPTRE ET SA COURONNE NE LUI SERONT JAMAIS » ÔTÉS ».

NOTES.

(1) Les habitans de Montpellier furent les premiers en France qui protestèrent contre le crime de cette minorité factieuse ; en 1816, ils signèrent à l'envi la déclaration suivante : « Nous, soussignés, habitans de Montpellier, jurons devant le Dieu Tout-Puissant, et sur » son Saint Évangile, que n'ayant jamais adhéré de fait, » ni de volonté aux principes impies et séditieux introduits » et professés en France par une minorité factieuse ; » nous regardons la mort du Roi Louis XVI, comme le » plus exécrable de tous les crimes ; RECONNAISSONS QUE » LES FLÉAUX QUE DIEU A VERSÉS SUR NOTRE MALHEUREUSE » PATRIE EN SONT LA JUSTE PUNITION, et déclarons que notre » plus grand regret est de n'avoir pu donner jusqu'à la » dernière goutte de notre sang, pour arrêter le coup » fatal qui fit tomber une tête aussi chère que sacrée ».

Quelque temps après, le Conseil municipal de cette Ville vota un monument expiatoire à la mémoire de Louis XVI. Une Statue de Marbre, de grandeur colossale, sera érigée sur une des Places de la Cité, et représentera le Roi-Martyr implorant le Ciel pour la France.

Le 11 Novembre 1819, le Maire de cette Ville, *organe des sentimens dont les habitans de Montpellier ont été toujours pénétrés pour l'auguste* et SAINTE *mémoire de l'infortuné Monarque* (*), posa la pierre fondamentale de cette Statue, et plaça dans l'intérieur même de cette pierre une plaque en cuivre sur laquelle est gravée l'inscription qui *doit perpétuer le souvenir de ce pieux hommage.*

(*) Propres termes *du procès-verbal de la cérémonie*, etc.

« *Habitans de Montpellier*, dit à cette occasion, le » premier Magisirat de la Cité, *un monument va s'élever* » *sur cette Place ; enorgueillissez-vous d'être les premiers* » *qui posséderez l'image du* Roi-Martyr ».

L'inscription qu'on doit apposer sur ce monument n'étant pas encore fixée, on a publié dans les journaux quelques essais à ce sujet. Nous citerons entr'autres les inscriptions suivantes, comme ayant du rapport avec le martyre de Louis XVI.

On lit dans le *Véridique* du 23 Mai 1828 :

« L'illustre Avocat qui brava, au péril de sa vie, les » bourreaux de Louis XVI, est allé rejoindre son auguste » client dans un monde meilleur.

» Tenant à l'honneur de payer publiquement ma part » du tribut de reconnaissance que doivent tous les gens » de bien à M. le comte de Sèze, pour sa courageuse » conduite; je propose ce qui suit pour le monument que » la ville de Montpellier va élever à ce bon Roi.

» Sur le côté droit du piédestal paraîtrait le buste » de M. de Sèze, dans un médaillon, ayant pour exergue » ces paroles mémorables qu'il prononça devant la Con- » vention : *Je cherche parmi nous des Juges, je n'y vois* » *que des accusateurs* ».

« Sur le côté gauche du piédestal on verrait le buste » de M. de Malesherbes dans un médaillon; ces mots » seraient écrits autour : *je déclare hautement que je me* » *glorifie de lui avoir sacrifié mon existence* ».

« Sur le troisième côté, serait le buste de M. Tronchet, » avec cet mots : Louis XVI *le choisit pour son dé-* » *fenseur* ».

« Enfin, sur la face de devant du piédestal, paraîtrait » le buste de M. de Firmont, avec ces paroles : *Fils de* » *St. Louis montez au Ciel* !

» Cette exclamation sublime du Confesseur de Louis « XVI servirait ainsi d'inscription pour la Statue du Roi-» Martyr ».

LUDOVICO DECIMO SEXTO
CIVES MONSPELIENSES
MARTYRIS MEMORES
MONUMENTUM POSUERE.

M DCCC XXVIII.

Si l'on veut absolument une inscription en français, on pourrait y mettre les paroles mémorables de S. A. R. Madame, Duchesse d'Angoulême, au Conseil municipal :

LA VILLE DE MONTPELLIER
A ÉLEVÉ CE MONUMENT
A LA MÉMOIRE
DE MON MALHEUREUX PÈRE.

Paroles de l'Auguste Fille

DE LOUIS XVI.

On a souvent débattu la question de savoir dans quelle langue les inscriptions doivent être écrites. Les uns ont soutenu que les inscriptions étant faites pour l'usage des peuples chez qui on érige le monument, elles devraient être écrites dans la langue qu'ils parlent ; les autres ont répondu qu'il fallait conserver la langue latine à cause de sa précision ; quant à nous, nous pensons que les inscriptions étant faites pour instruire tous les hommes, du sujet d'un monument, elles doivent être toutes dans la langue universelle, le latin, qui ne change pas comme les langues modernes.

« *Le signe Européen*, *c'est la langue latine*, dit l'illustre » comte de Maistre : les médailles, les monnaies, les tro-» phées, les tombeaux, les annales primitives, les lois,

» les canons, tous les monumens parlent latin ; faut-il donc
» les effacer, ou ne plus les entendre ?... Le marbre
» condamné à bavarder, pleure la langue dont il tenait
» ce beau style qui avait un nom entre tous les autres
» styles, et qui de la pierre où il s'était établi, s'élançait
» dans la mémoire de tous les hommes ».

(2) VOEU DE LOUIS XVI.

Si par un effet de la bonté infinie de Dieu je recouvre ma liberté et ma puissance Royale, je promets solennellement :

1.° De révoquer, le plutôt que faire se pourra, toutes les lois qui me seront indiquées (soit par le Pape, soit par un Concile, soit par quatre Évêques choisis parmi les plus éclairés et les plus vertueux de mon Royaume) comme contraires à la pureté, à l'intégrité de la Foi, à la discipline, et à la juridiction spirituelle de la sainte Église Catholique, Apostolique et Romaine, notamment la Constitution civile du Clergé.

2.° De rétablir sans délai tous les Pasteurs légitimes et tous les Bénéficiers institués par l'Église, dans les bénéfices dont ils ont été injustement dépouillés par les décrets d'une puissance incompétente, sauf à prendre les moyens canoniques pour supprimer les titres des bénéfices qui sont moins nécessaires, et pour en appliquer les biens et revenus aux besoins de l'État.

3.° De prendre, dans l'intervalle d'une année, tant auprès du Pape qu'auprès des Évêques de mon Royaume, toutes les mesures nécessaires pour établir, en observant les formes canoniques, une fête solennelle en l'honneur du divin Cœur de Jésus, laquelle fête sera célébrée à perpétuité dans toute la France, le premier vendredi après l'octave du Saint Sacrement, et toujours suivie d'une procession générale, en réparation des outrages et des profanations commises dans nos saints Temples, pendant ce temps de troubles, par les schismatiques, les hérétiques et les mauvais chrétiens.

4.° D'aller moi-même en personne, sous trois mois, à compter du jour de ma délivrance, dans l'Église de Notre-Dame de Paris, ou dans toute autre Église principale du lieu où je me trouverai, et d'y prononcer un jour de Dimanche ou de Fête, au pied du Maître-Autel, après l'Offertoire de la Messe et entre les mains du Célébrant, un acte solennel de consécration de ma personne, de ma famille et de mon Royaume au Sacré Cœur de Jésus, avec promesse de donner à tous mes sujets l'exemple du culte et de la dévotion qui sont dus à ce Cœur adorable.

5.° D'ériger et de décorer à mes frais, dans l'Église que je choisirai pour cela ; dans le cours d'une année, à compter du jour de ma délivrance, une chapelle ou un autel qui sera consacré au Sacré Cœur de Jésus, et qui servira de monument éternel de ma reconnaissance et de ma confiance sans bornes dans les mérites infinis, et dans les trésors inépuisables des grâces qui sont renfermées dans ce Cœur sacré.

6.° De renouveler tous les ans, au lieu où je me trouverai le jour qu'on célébrera la fête du Sacré Cœur de Jésus, l'acte de consécration exprimé dans l'article 4, et d'assister à la procession générale qui suivra la Messe de ce jour.

Je ne puis aujourd'hui prononcer qu'en secret cet engagement ; mais je le signerais de mon sang, s'il le fallait, et le plus beau jour de ma vie sera celui où je pourrai le publier à haute voix dans le Temple.

O Cœur adorable de mon Sauveur, que j'oublie ma main droite et que je m'oublie moi-même si jamais j'oublie vos bienfaits et mes promesses, si je cesse de vous aimer, et de mettre en vous toute ma confiance et ma consolation.

Ce vœu était précédé de la prière suivante :

PRIÈRE DE LOUIS XVI.

« Vous voyez, ô mon Dieu, toutes les plaies qui dessèchent mon cœur, et la profondeur de l'abîme dans lequel je suis tombé. Des maux sans nombre m'environnent de toutes parts. A mes malheurs personnels et à ceux de ma famille, qui sont affreux, se joignent, pour accabler mon âme, ceux qui couvrent la surface de tout le Royaume. Les cris de tous les infortunés, les gémissemens de la Religion opprimée retentissent à mes oreilles, et une voix intérieure m'avertit encore que peut-être votre justice me reproche toutes ces calamités, parce que dans les jours de ma puissance, je n'ai point réprimé la licence des mœurs et l'irreligion qui en est la principale cause.... Je n'aurai point, ô mon Dieu! la témérité de vouloir me justifier devant vous. Mais vous savez que mon cœur a toujours été soumis à la foi et aux règles des mœurs. Mes fautes sont le fruit de ma faiblesse, et semblent dignes de votre grande miséricorde. Vous avez pardonné au roi David, qui avait été cause que vos ennemis avaient blasphêmé contre vous; au roi Manassés qui avait entraîné ses peuples dans l'idolâtrie. Désarmé par leur pénitence, vous les avez rétablis l'un et l'autre sur le trône de Juda. Vous les avez fait régner avec paix et avec gloire. Seriez-vous inexorable aujourd'hui pour un fils de saint Louis, qui prend ces Rois pénitens pour ses modèles, et qui, à leur exemple, désire de réparer ses fautes et de devenir un roi selon votre cœur? O Jésus-Christ! divin réparateur de toutes nos iniquités, c'est dans votre Cœur adorable que je dépose en ce moment les affections de mon âme affligée. J'appelle à mon secours le tendre Cœur de Marie, mon auguste protectrice et ma mère, et l'assistance de saint Louis, mon patron et le plus illustre de mes aïeux. Ouvrez-vous, Cœur adorable, et par les mains si pures de mes puissans intercesseurs, recevez le Vœu satisfactoire que la confiance m'inspire, et que je vous offre comme l'expression naïve des sentimens de mon cœur.

Il paraît que la prière et le vœu de Louis XVI sont du commencement de 1792. Cet infortuné Prince ne se dissimulait pas toute l'étendue des maux qui le menaçaient. Touché des malheurs de sa famille et de ceux de l'État, il rédigea cette prière et fit ce vœu pour appaiser la colère divine sur la France. Il n'y a pas de doute que la prière et le vœu furent dressés de concert avec M. Hébert, général des Eudistes, son confesseur. Un ecclésiastique estimable, M. l'abbé D. V. de S. L, en L., fut chargé de les transcrire; un autre ecclésiastique, aujourd'hui (*) curé d'une des paroisses de la capitale, M. l'abbé C., curé de B. N., fut chargé par M. Hébert de faire, au nom du Roi, une neuvaine relative à ce vœu. Il la fit, en effet, dans une maison retirée.

Le 2 septembre 1792, M. Hebert fut emprisonné dans sa propre maison où on le massacra. « J'étais un jour » chez lui, dit l'abbé Proyart, et il allait me lire un » projet tracé de la main de Louis XVI pour la restau- » ration de la religion, lorsqu'un étranger survînt qui » nous interrompit, et les circonstances depuis ne nous » permirent plus de nous réunir ».

(3) Pendant dix ans cette pétition a été envoyée cons-

(*) Ceci fut écrit il y a quelques années.

tamment chaque année, à la Chambre des Députés. La première fois, elle fut signée par deux habitans de Montpellier, depuis, un des signataires ayant quitté cette ville, elle ne fut signée que par un seul. En 1822, M. le comte de Floirac, député de l'Hérault, chargé de la présenter, nous en accusa la réception en ces termes : » j'ai remis dans le temps, au bureau de la Chambre, » la pétition que vous m'adressâtes pour Louis XVI ; » elle fut renvoyée à la commission avec une ou deux » autres qui avaient été présentées sur le même sujet. Le » rapporteur de la commission fut même nommé ; c'était » M. de Bruyères-Chalabres ; mais des motifs relatifs » à ces temps, qui n'étaient rien moins que bons, et peut- » être aussi la fin de la session, empêchèrent le rapport ; » et vous savez qu'on ne fait pas à la nouvelle session » le rapport des pétitions présentées à la session pré- » cédente ; elles restent dans un profond oubli ».

L'année suivante la même pétition fut adressée à M. le vicomte d'Alzon, député du même département, qui répondit : « avant de la présenter à la Chambre, j'ai cru » devoir consulter M. de Marcellus, dont l'avis sur ce » point ne doit pas vous être suspect. Sa réponse a été telle » que je le prévoyais, il ne trouve pas que ce soit le moment » de proposer qu'on s'occupe de cet objet. Je ne vous » renvoie cependant pas la pétition, mais je vous la rap- » porterai, si M. de Marcellus persiste à croire qu'il » n'est pas temps encore de la reproduire ».

Depuis cette époque, un autre député ayant refusé de s'en charger, nous la faisons connaître par la voie de l'impression. Désormais nous ne l'adresserons plus à la Chambre.

(4) Un ecclésiastique des environs de Lunel nous a assuré qu'une personne pieuse de sa connaissance invoquait depuis long-temps Louis XVI, en ces termes :

« Grand Saint, si comme je n'en puis douter, vous êtes au ciel, obtenez-moi, etc. ».

Nous avons sous les yeux une ancienne gravure qui porte le titre de *Saint-Louis le Martyr*, avec cette prière :

« O grand Roi ! qui, au moment de votre mort glo-
» rieuse, priez encore pour le bonheur de ce peuple qui
» vous sacrifiait si cruellement, daignez intercéder pour
» lui, auprès de Dieu Tout-Puissant, afin qu'il daigne
» faire cesser les maux qui l'accablent, depuis tant d'années,
» et qu'il lui accorde enfin un avenir plus heureux sous
» le meilleur des Rois ».

Ces considérations sur la mort de Louis XVI font partie d'un grand Ouvrage, que nous publierons un jour sous ce titre : Actes pour servir a la Béatification et Canonisation de LOUIS XVI, Roi de France et de Navarre.

Nous y joindrons un *fac simile* d'une gravure qui fut présentée à la Convention nationale, le 30 germinal (19 Avril 1794), par Helman. Cette image effroyable est de grandeur in-folio, et porte pour titre :

Journée du 21 Janvier; mort de Louis Capet *sur la place de la révolution.*

Le crime est consommé ! Le bourreau montre la tête ensanglantée de Louis XVI, et crie *Vive la Nation !* d'horribles clameurs se font entendre sur cette vaste place.

Et nunc reges intelligite, Ps. II. 10.

Nous invitons tous les bons français à concourir avec nous à la perfection de *ces Actes*, en nous faisant parvenir ce qu'ils peuvent savoir de particulier sur le Roi-Martyr.

(*Adresser les lettres* Franc de Port, *à* M. Auguste SEGUIN, *Libraire à Montpellier*).

Ce n'est point l'histoire de Louis XVI que nous écrivons ;

Cette immense tâche est au-dessus de nos forces ; nous avons voulu seulement rassembler des matériaux pour servir un jour à la béatification de ce Prince, éternel objet de nos douleurs et de nos regrets.

Les éminentes vertus de Louis XVI étaient trop au-dessus de la corruption de son siècle ; elles n'en sont pas moins UNE PROPRIÉTÉ NATIONALE qui doit être transmise pure et sans tache à nos neveux.

Traçons un tableau rapide des vertus de ce saint Roi.

Louis XVI donna sur le Trône l'exemple des vertus domestiques et des bonnes mœurs. Toute sa vie ne fut que le règne d'un père, il aimait les français comme s'il n'avait été que l'ami d'un seul ; aucun Roi ne souhaita plus ardemment que lui de faire le bonheur de son peuple ; il possédait dans un dégré éminent, une inaltérable probité, la franchise d'une belle âme ; il avait une piété solide et éclairée ; il était époux sensible, père tendre, clément par excellence ; qui fut jamais plus bienfaisant, plus généreux que lui ! il serait impossible de citer, pendant toute la durée de son règne, un seul trait de dureté et d'inhumanité. Son seul défaut fut d'être monté sur le Trône avec une trop grande défiance de lui-même, défiance due à la sévérité de son éducation. Louis XVI aurait renoncé sans peine à tous les avantages de la Royauté, si la Providence ne l'y avait engagé par des liens qu'il ne lui était pas permis de rompre. Les occasions de pratiquer la patience chrétienne ne lui manquèrent pas. On sait jusqu'à quel dégré se portèrent l'insolence de ses ennemis : toutes ses réponses devant ses persécuteurs prouvent la tranquillité d'âme la plus parfaite. Il conserva jusqu'au dernier instant de sa vie cette candeur du juste, cette sérénité de la vertu que la fureur de ces barbares ne put jamais troubler. Quelque sainte que fut sa vie, sa mort fut encore plus parfaite. Prêt à succomber sous l'injustice des hommes, il écrit d'une main ferme son testament de mort qui surpasse tout ce que l'histoire a de plus sublime et de plus touchant, et *meurt en pardonnant à ses ennemis*; en un mot, ce Prince eut une vie sans tache et toutes les vertus qu'on aime et qu'on admire. Ni l'audace de l'impiété, ni le délire de la fureur, ni la méchanceté de la calomnie, ne parviendront jamais à ternir sa mémoire.

Louis XVI a réalisé ce juste imaginaire que Platon représentait couvert de l'opprobre du crime et digne de tous les prix de la vertu; il a même résolu ce problême de J.-J. Rousseau.

« *Où est l'homme, où est le sage qui sait agir,* » *souffrir* et mourir sans faiblesse et sans os- » tentation ». Enfin, il a accompli à la lettre ce que lui disait son illustre mère, MADAME LA DAUPHINE, dans les instructions qu'elle avait exprès tracées pour lui. « *Le ciel, mon fils, vous* » *préparé la plus belle couronne de l'univers....* » La piété doit toujours couler dans vos veines » avec le sang d'un père pieux ; vous devez le » faire revivre en vous par l'imitation, pour » devenir comme lui l'exemple de la postérité. » Si votre jeunesse, cultivée par mes soins, peut » faire ouvrir mon cœur à de flatteuses espé- » rances, j'aurai la consolation de vous voir » un jour supérieur à tous les obstacles qui » vous environnent, insensible à tous les attraits » qui se rassembleront autour de vous pour » vous corrompre, *élevé au-dessus des événe-* » *mens, soumis à Dieu seul, et présentant à la* » *terre le plus grand spectacle que la foi puisse* » *donner* ».

Un savant protestant, l'âpre et froid Scaliger, quoique peu sensible à tout ce qui regarde la religion, n'a pas laissé d'avouer qu'il ne lisait jamais les *Actes des Martyrs* sans en être extraordinairement ému, et presque tout hors de lui-même ; combien d'autres personnes de nos jours, quoique mal disposées sous certains rapports, ne seront-elles pas touchées des *Actes de* LOUIS

XVI, qui ne sont pas moins beaux ni moins authentiques ! Qu'y a-t-il en effet de plus touchant que de voir ce prince tombé du plus beau Trône du monde, souffrir pour la foi les plus cruelles persécutions, avec un courage et une patience infinies ! Combien ne seront-elles pas frappées de la sagesse de ses discours, de la noblesse de ses sentimens, de la force de ses réponses à ses persécuteurs, de sa constance à résister à leurs différentes attaques, et surtout de ce courage sublime qu'il a fait paraître dans ses derniers momens, et par lequel il a jeté dans l'étonnement et la rage ceux-mêmes qui le persécutaient. A la vue de ce courage extraordinaire, elles avoueront que toute la constance des héros que l'on vante le plus ne mérite pas d'être comparée à celle d'un martyr chrétien ; et cette constance, vraiment surnaturelle, leur fera reconnaître que la religion est seule capable d'inspirer des sentimens si héroïques.

« La mort des martyrs, dit S. Jean Chri-
» sostôme, est une exhortation pathétique pour
» les fidèles, c'est l'appui et la confiance de
» l'Église, une preuve sensible de la vérité de
» notre religion ; c'est la honte et la confusion
» des démons, et la conviction de la résurrec-
» tion et de la gloire que nous espérons ».

A MONTPELLIER

De l'Imprimerie de X. Jullien, Place Louis 16, n.° 2.

LUDOVICUS XVI.

IN MEMORIA ÆTERNA ERIT JUSTUS.

Ps. III. 6.

L'assemblée constituante déclara en pleine séance que **LOUIS XVI** *était le plus honnête homme de son Royaume.*

Ses seuls torts sont de nous avoir trop aimés ; de s'être considéré comme notre Père, et pas assez comme notre Roi.

M. DE MALESHERBES à M. DE FIRMONT.

LUDOVICUS DECIMUS SEXTUS,

DEI GRATIA, FRANCIÆ ET NAVARRÆ REX.

Anagramma.

ECCE REX

DENUDATUS, VEXATUS, MARTIR

DEI CAUSA;

FINIS GLORIA VERA.

www.ingramcontent.com/pod-product-compliance
Lightning Source LLC
LaVergne TN
LVHW020246230826
846091LV00006B/2277
9782013652544